ANNINA SCHÄFLEIN | LENA MERZ

GESUNDE BROTBOXEN

Wunderbare Ideen für Kita und Schule

FOTOGRAFIE: MONA BINNER, COCO LANG

INHALT

Öffnen Sie die Klappen dieses Buches.
Dort finden Sie die wichtigsten Infos zum Thema auf einen Blick!

BAUKASTEN FÜR BROTBOXEN

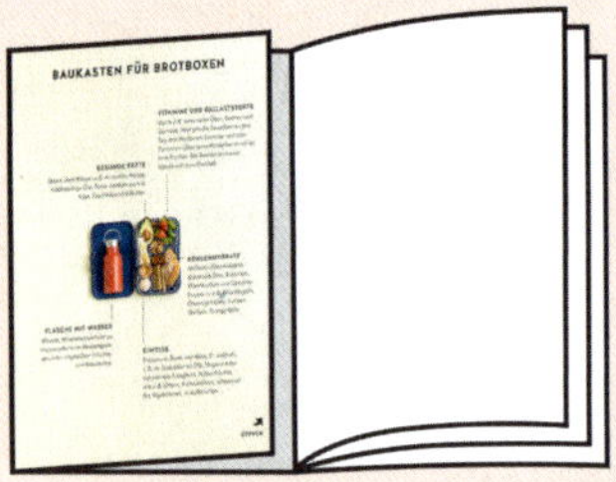

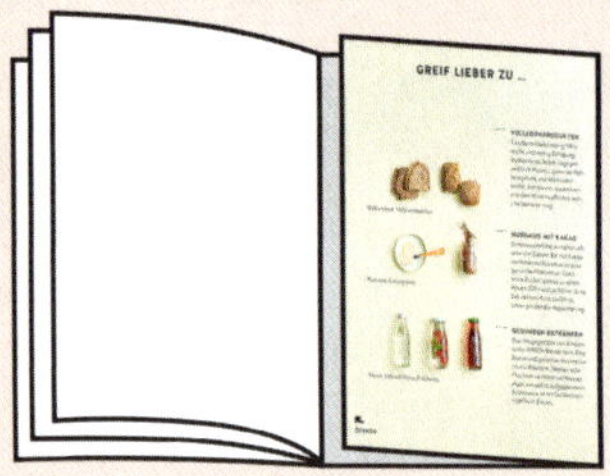

GREIF LIEBER ZU …

Immer griffbereit:

SO GEHT'S: LIEBEVOLLE BOXEN

Immer griffbereit:

SO GEHT'S: CLEVER VORBEREITEN

GU CLOU

Wussten Sie schon, dass …? Entdecken Sie bei einigen ausgewählten Rezepten ganz besondere Tipps mit verblüffendem Insiderwissen. Aha-Momente garantiert!

Mit diesem Symbol sind alle vegetarischen Gerichte gekennzeichnet.

Die Backzeiten können je nach Herd variieren. Unsere Temperaturangaben beziehen sich auf das Backen im Elektroherd mit Ober- und Unterhitze.

REZEPTKAPITEL

LENA MERZ & ANNINA SCHÄFLEIN

Eine gesunde, bunte Brotbox voller Leckereien und Nährstoffe erleichtert nicht nur den Start in den Tag, sondern gibt auch Kraft für Kita oder Schule. Denn gerade die richtige Auswahl an nachhaltig sättigenden Lebensmitteln legt den Grundstein für eine entspannte Zeit außerhalb von Zuhause.

Wie viel darf bzw. soll in die Brotdose?

Jedes Kind is(s)t anders, deshalb gibt es von uns keine Mengenangaben. Je nach Hunger des Kindes – manche frühstücken gerne und ausgiebig, anderen knurrt erst am späten Vormittag der Magen – darf die Brotdose reichlich gepackt sein. Besonders, wenn es lang satt machende Rezepte sind, die den Blutzuckerspiegel nicht schnell in die Höhe treiben. Bleibt mal was übrig, kann das am Nachmittag gesnackt oder mit Freunden geteilt werden.

Darf das Kind auch was Süßes essen bzw. Süßigkeiten mitnehmen?

Natürlich darf es auch etwas Süßes sein. Obst, Trockenfrüchte und Beeren stillen hier den Süßhunger. Aber auch ein Schokoriegel oder Gummibärchen dürfen mal in der Box zu finden sein. Oder auch ein selbst gemachter Schokomuffin mit wenig Zucker macht richtig glücklich. Und natürlich darf sich dein Kind auch etwas aussuchen, was es für die persönliche Stärkung an diesem Tag braucht. Mit Maß gehalten, sind Süßigkeiten unserer Meinung nach voll in Ordnung.

Was darf in der Brotbox nicht fehlen?

Frisches Obst und Gemüse gehört für uns immer dazu. Am besten saisonal, denn im Frühling schmecken Erdbeeren einfach am besten. Was Rohkost angeht, bietest du deinem Kind einfach das an, was es wirklich gerne mag. Und pack deinem Kind nur solche Lebensmittel ein, die es sicher essen kann. Eine sättigende Komponente aus Getreide oder Hülsenfrüchten sollte immer mit an Bord sein, denn die Kleinen verbrauchen täglich viele Kalorien beim Spielen, Toben und Klettern …

GEFÜLLTE LAUGENSTANGEN

- 6 TK-Laugenstangen
- 125 g Mozzarella
- 5 getrocknete Tomaten
- 250 g Kirschtomaten
- 4 Stängel Basilikum

Laugenstangen auftauen lassen und auf ein mit Backpapier belegtes Backblech legen. Mozzarella und getrocknete Tomaten 1 cm groß würfeln. Kirschtomaten waschen und vierteln. Basilikum waschen, trocken schütteln, die Blättchen abzupfen und in Streifen schneiden. Die Zutaten für die Füllung mischen. Die Laugenstangen längs einschneiden und den Teig auseinanderziehen. Die Füllung darauf verteilen und die Stangen im auf 200° vorgeheizten Backofen (Mitte) 30 Min. backen.

BASICS

Für 8 Stück • 35 Min. Zubereitung • 2 Std. Ruhen • Pro Stück ca. 195 kcal, 6 g E, 3 g F, 34 g KH

TOASTIES AUS DER PFANNE

KLEIN UND HANDLICH

120 ml Pflanzendrink
10 g frische Hefe
25 g Butter
350 g Dinkelmehl (Type 630; plus etwas mehr zum Arbeiten)
Salz
3 EL Polenta (Maisgrieß)

AB IN DIE BOX

Die Toasties mit vegetarischem Aufstrich und Käse sowie Salatblatt belegen und mit kleinen Wassermelonenstücken in die Box packen.

1 120 ml Wasser und Pflanzendrink lauwarm erhitzen. Hefe und Butter zugeben und beides in der Flüssigkeit auflösen. Mehl und ½ TL Salz zugeben und die Zutaten mit den Knethaken des Handrührgeräts zu einem homogenen Hefeteig kneten. Anschließend den Teig zugedeckt an einem warmen Ort ca. 1 Std. 30 Min. gehen lassen.

2 Die Polenta auf einen flachen Teller streuen. Die Arbeitsfläche leicht mehlen und den Hefeteig 2 cm dick ausrollen. Mit einem Dessertring oder großen Glas acht Teiglinge ausstechen. Diese mit Wasser einreiben, in der Polenta wenden und nochmals 30 Min. ruhen lassen.

3 Die Teiglinge in einer großen beschichteten Pfanne von beiden Seiten bei mittlerer Hitze in 6–8 Min. ausbacken. Die Toasties in einer Plastiktüte aufbewahren und frisch auftoasten.

Für 1 Kastenform mit 25 cm Länge (ergibt 20 Scheiben) • 15 Min. Zubereitung • 45 Min. Ruhen • 25 Min. Backen • Pro Scheibe ca. 90 kcal, 3 g E, 2 g F, 14 g KH

ROGGENTOAST

KINDERLIEBLING

300 g Weizenmehl (Type 550)
100 g Vollkorn-Roggenmehl
1 Pck. Trockenhefe
1 EL Öl
20 g Kürbiskerne
15 g Sesam
30 g Sonnenblumenkerne
1 TL Salz

AB IN DIE BOX
Mit Trauben-Radieschen-Spießen in die Box packen.

1 Beide Mehlsorten und die Hefe in einer Schüssel mischen. 350 ml lauwarmes Wasser und das Öl dazugeben und alles mit den Knethaken des Handrührgeräts zu einem glatten, klebrigen Teig verrühren. Kerne, Saaten und Salz dazugeben und erneut verrühren. Den Hefeteig abgedeckt an einem warmen Ort ca. 45 Min. gehen lassen.

2 Den Backofen auf 200° vorheizen. Die Kastenform mit Backpapier auslegen. Den Teig mithilfe einer Teigkarte in die Kastenform gleiten lassen und glatt streichen.

3 Das Brot im Ofen (Mitte) 25 Min. backen, dann herausnehmen, aus der Form lösen und auf einem Kuchengitter auskühlen lassen.

Für 8 Stücke • 20 Min. Zubereitung • 50 Min. Backen • 20 Min. Auskühlen • Pro Stück ca. 180 kcal, 7 g E, 3 g F, 32 g KH

GEMÜSE-FLATBREAD

SANDWICH MAL ANDERS

2 Zucchini
2 Tomaten
1 Zwiebel
1 EL Öl
400 g Vollkorn-Weizenmehl
1 TL Salz
2 TL getrocknete italienische Kräuter

AB IN DIE BOX
1 Brotscheibe mit Frischkäse bestreichen, mit Gurkenscheiben belegen, zweite Brotscheibe auflegen. Nektarinenviertel dazupacken.

1 Den Backofen auf 200° vorheizen und ein Backblech mit Backpapier auslegen. Die Zucchini putzen und waschen. Tomaten waschen. Beides grob raspeln. Die Zwiebel schälen und fein raspeln.

2 Gemüse, Öl, Mehl, Salz und Kräuter in einer Schüssel mischen, sodass eine homogene Masse entsteht. Alles auf das Blech geben und glatt streichen. Das Brot im Ofen (Mitte) 45–50 Min. backen. Aus dem Ofen nehmen und ca. 20 Min. auskühlen lassen. Anschließend zuerst einmal quer halbieren und beide Hälften längs in je vier gleich große Stücke schneiden. Mit Wunschbelag bestreichen und belegen. Das Brot lässt sich gut tiefkühlen.

Für 1 Glas (200 ml; ergibt 7 Portionen) • 10 Min. Zubereitung • 4 Std. Quellen •
Pro Portion (à 25 g) ca. 30 kcal, 1 g E, 2 g F, 1 g KH

HEIDELBEER-CHIA-AUFSTRICH

FRUCHTIG

125 g Heidelbeeren
20 ml frisch gepresster Orangensaft
3 EL Chia-Samen

AB IN DIE BOX
Den Fruchtaufstrich auf Vollkornbrot streichen und zusammen mit Kiwi und Gurke in die Box packen.

1 Die Heidelbeeren waschen. Zusammen mit dem Orangensaft fein pürieren. Die Chia-Samen unterrühren und mindestens 4 Std. quellen lassen. Den Aufstrich in ein sehr sauberes Schraubglas füllen und im Kühlschrank bis zu 4 Tage aufbewahren.

2 Der Chia-Aufstrich kann auch super als Topping auf Joghurt oder Porridge gegessen werden. Außerdem kann man ihn in Eiswürfelformen füllen und tiefkühlen.

Für 1 Glas (300 ml; ergibt 12 Portionen) • 10 Min. Zubereitung •
Pro Portion (à 25 g) ca. 130 kcal, 3 g E, 9 g F, 10 g KH

CASHEW-VANILLE-AUFSTRICH

CREMIG

200 g Cashewkerne
100 g Soft-Datteln (entsteint)
2 EL Kokosöl
½ TL gemahlene Bourbon-Vanille

AB IN DIE BOX
Den Aufstrich auf runde Pumpernickelbrote streichen und zusammen mit Mangostücken und Kirschtomaten in die Box packen.

1 Cashewkerne, Datteln, Kokosöl und Vanille in einen Hochleistungsmixer geben und so lange pürieren, bis ein cremiger Aufstrich entsteht. Dazu die Zutaten am besten mehrmals hintereinander für 2 Min. mixen, dann die Masse im Mixtopf nach unten streichen und nochmals mixen.

2 Den Aufstrich in ein sehr sauberes Schraubglas füllen und bis zu 4 Wochen aufbewahren.

Für 8 Stück • 15 Min. Zubereitung • 2 Std. Ruhen • 15 Min. Backen • Pro Stück ca. 300 kcal, 8 g E, 11 g F, 41 g KH

ROSINENBRÖTCHEN

SATTMACHER

120 ml Pflanzendrink
¼ Würfel frische Hefe (ca. 10 g)
400 g Dinkelmehl (Type 630; plus etwas mehr zum Arbeiten)
50 ml Backöl
120 g Kokosjoghurt
60 g Rosinen
2 EL Mandelblättchen

AB IN DIE BOX
Die Brötchen auf Wunsch mit Butter bestreichen und mit Snackgurken und Banane in die Box packen.

1 Den Pflanzendrink lauwarm erhitzen und die Hefe darin auflösen. In einer großen Schüssel Hefeflüssigkeit, Mehl, Backöl, Kokosjoghurt und Rosinen mit den Knethaken des Handrührgeräts in ca. 2 Min. zu einem homogenen Teig kneten. Abdecken und an einem warmen Ort ca. 2 Std. gehen lassen.

2 Den Backofen auf 180° vorheizen. Den Teig auf einer ganz leicht bemehlten Arbeitsfläche mit einer Teigkarte in acht gleich große Stücke teilen und mit leicht angefeuchteten Händen zu runden Brötchen formen. Diese mit Mandelblättchen bestreuen und auf einem mit Backpapier belegten Backblech im heißen Ofen (Mitte) ca. 15 Min. backen.

GU **CLOU**

Dieser vegane Hefeteig ist ein Allrounder. Er lässt sich mit allerlei Trockenfrüchten, Schokostückchen oder gehackten Nüssen füllen. Besonders toll: Auch zu Hefeknoten, Brot oder Brioche kann er geformt und gebacken werden.

Für 15 Stück • 40 Min. Zubereitung • 45 Min. Ruhen • 15 Min. Backen pro Blech •
Pro Stück ca. 105 kcal, 4 g E, 3 g F, 15 g KH

KLEINE LAUGENBAGEL

FÜR DEN TK-VORRAT

250 ml Milch
½ Würfel frische Hefe (ca. 20 g)
200 g Dinkelmehl (Type 630; plus etwas mehr zum Arbeiten)
100 g Vollkorn-Dinkelmehl
50 g Kürbiskerne
½ TL Salz
3 EL Natron
1 EL Sesam

AB IN DIE BOX
Zusammen mit Tomaten-Mozzarella-Spießen und Brombeeren in die Box packen.

GU CLOU

Da die Kruste für Babys und Kleinkinder besser weich als knusprig sein soll, wird hier Natronpulver anstelle von Natronlauge verwendet.

1 Die Milch leicht erwärmen. Die Hefe dazubröckeln und darin auflösen. Mehle in eine Schüssel geben und Hefe-Milch-Mischung dazugeben. Die Zutaten in der Schüssel mit den Knethaken des Handrührgeräts in ca. 5 Min. zu einem homogenen Teig kneten. Kürbiskerne und Salz dazugeben und untermischen. Den Teig abgedeckt an einem warmen Ort ca. 45 Min. gehen lassen.

2 Den Teig auf eine leicht bemehlte Arbeitsfläche geben und mit den Händen durchkneten. In 15 gleich große Stücke teilen. Jedes Stück zu einer ca. 25 cm langen Rolle formen. Aus jeder Rolle einen runden Bagel formen. Dabei die Teigenden überschlagen und fest zusammendrücken. Anschließend den Kreis leicht auseinanderziehen, sodass der Teigkringel größer wird.

3 Den Backofen auf 180° Umluft vorheizen und zwei Bleche mit Backpapier auslegen. Inzwischen 2 l Wasser in einen breiten Topf geben und das Natron dazugeben. Wasser zum Kochen bringen und die Bagel darin portionsweise in ca. 1 Min. garen. Die Bagel mit einem Schaumlöffel herausnehmen, abtropfen lassen, mit etwas Abstand auf die Bleche legen und mit dem Sesam bestreuen.

4 Das erste Blech auf mittlerer Schiene in den Ofen schieben und die Bagel ca. 15 Min. backen, dann herausnehmen und die Kringel auf einem Kuchengitter auskühlen lassen. Dann die zweite Bagel-Portion genauso backen.

Für 8 Stück • 10 Min. Zubereitung • 18 Min. Backen • Pro Stück ca. 250 kcal, 8 g E, 11 g F, 28 g KH

VOLLKORN-SCONES

NÄHRSTOFFREICH

60 g Butter
320 g Vollkorn-Dinkelmehl
3 TL Weinstein-Backpulver
1 Ei
100 g Buttermilch
40 g Sesam

AB IN DIE BOX
Mit (vegetarischen) Mini-Frikadellen sowie Physalis in die Box packen.

1 Den Backofen auf 200° vorheizen. Die Butter in 1 cm große Würfel schneiden. Alle Zutaten bis auf den Sesam in eine kleine Schüssel geben und mit den Knethaken des Handrührgeräts verrühren, bis alles leicht vermischt ist. Dann mit den Fingerspitzen die Butter gleichmäßig in den Teig reiben, bis ein homogener Teig entsteht.

2 Auf einem mit Backpapier belegten Backblech den Teig kuchentellergroß rund formen und mit einer Teigkarte in acht Pizzastücke teilen, diese aber nicht auseinanderziehen. Mit Sesam bestreuen und die Samen leicht festdrücken. Scones im Ofen (Mitte) ca. 18 Min. backen, dann gut abkühlen lassen und süß oder herzhaft belegen.

Für 14 Stück • 15 Min. Zubereitung • 8 Std. Ruhen • Pro Stück ca. 100 kcal, 2 g E, 6 g F, 9 g KH

POWER-RIEGEL OHNE BACKEN

SCHNELL

200 g getrocknete Soft-Feigen
75 g Walnusskerne
60 g Cashewkerne
1 TL Rohkakaopulver

AB IN DIE BOX
Kleine Gläschen mit Naturjoghurt, klein geschnittenen Erdbeeren und Nussmus dazupacken.

1 Feigen, Walnüsse, Cashewkerne und Kakao in einen Hochleistungsmixer geben und mehrfach pulsierend klein mixen, bis eine feine, klebrige Masse entsteht.

2 Eine Auflaufform (ca. 15 × 15 cm) mit Backpapier oder Butterbrotpapier auslegen. Die Masse sehr fest und gleichmäßig hineindrücken und in mindestens 8 Std. fest werden lassen. Dann die Masse mit einem sehr scharfen Messer in 2 cm breite und 7 cm lange Stücke schneiden.

CLEVER VORBEREITEN

Für 12 Stück • 10 Min. Zubereitung • 25 Min. Backen • Pro Stück ca. 190 kcal, 7 g E, 9 g F, 20 g KH

APFELMUFFINS MIT KÄSEKERN

PFIFFIGE KOMBI

200 g Apfel
50 g Gouda am Stück (ersatzweise Emmentaler)
150 g Dinkelmehl (Type 630)
100 g Vollkorn-Dinkelmehl
50 g Haferflocken
je 2 EL Sonnenblumenkerne und Kürbiskerne
Salz
schwarzer Pfeffer
50 ml Öl
350 ml Milch
2 Eier (M)
12er-Muffinform
12 hochwertige Papiermuffinförmchen

1 Den Backofen auf 180° vorheizen. Die Papierförmchen in die Mulden der Muffinform geben. Den Apfel waschen, vierteln, vom Kerngehäuse befreien und raspeln. Den Käse in zwölf gleich große Stücke schneiden.

2 In einer Schüssel Mehle, Haferflocken und Kerne mischen. Mit Salz und Pfeffer würzen. In einer zweiten Schüssel Öl, Milch und Eier verquirlen. Die feuchten Zutaten zu den trockenen geben und zügig vermischen. Den Apfel unterheben.

3 Den Teig auf die Muffinförmchen verteilen. In jeden Muffin mittig ein Stück Käse stecken. Die Muffins im heißen Ofen (Mitte) ca. 25 Min. backen, dann in der Form kurz ruhen lassen, herauslösen und auf einem Kuchengitter auskühlen lassen.

AB IN DIE BOX

½ rote Paprika in Streifen schneiden und mit Heidelbeeren und Muffin in die Box packen.

Für 12 Stück • 20 Min. Zubereitung • 30 Min. Backen • Pro Stück ca. 160 kcal, 5 g E, 6 g F, 21 g KH

RHABARBER-MÖHREN-MUFFINS

KREATIV

250 g Haferflocken
1 TL Ceylon-Zimtpulver
1 TL Weinstein-Backpulver
1 TL Natron
90 g Mandeln
4 Möhren
2 Stangen Rhabarber
250 g Apfelmark
60 g Honig
12er-Muffinform
12 hochwertige Papiermuffinförmchen

AB IN DIE BOX
Die Muffins zusammen mit Erdbeeren und einem exotischen Nussmix in die Box packen.

1 Den Backofen auf 180° vorheizen. Die Papierförmchen in die Mulden der Muffinform geben. 100 g Haferflocken im Hochleistungsmixer fein mahlen.

2 Hafermehl zusammen mit restlichen Haferflocken, Zimt, Backpulver und Natron in eine Schüssel geben und mischen. Die Mandeln fein hacken. Die Möhren putzen, schälen und grob raspeln. Den Rhabarber putzen, die Haut dünn abziehen und die Stangen in 5 mm große Würfel schneiden.

3 Apfelmark, Honig, Mandeln, Rhabarber und Möhren unter die trockenen Zutaten mischen. Den Teig auf die Muffinförmchen verteilen und die Muffins im heißen Ofen (Mitte) ca. 30 Min. backen. Dann in der Form kurz ruhen lassen, herauslösen und auf einem Kuchengitter auskühlen lassen.

Für 10 Stück • 30 Min. Zubereitung • Pro Stück ca. 95 kcal, 4 g E, 5 g F, 8 g KH

QUINOA-BROKKOLI-BRATLINGE

EINFACH

100 g Quinoa
300 g Brokkoli
50 g Bergkäse
20 g Semmelbrösel
Kräutersalz (für größere Kinder)
3 EL Öl zum Braten

AB IN DIE BOX
Zusammen mit Gurkensticks und Honigmelonenwürfeln in die Box packen.

1 Die Quinoa in einem feinen Sieb sehr gut waschen, abtropfen lassen und in einen weiten Topf geben. 200 ml Wasser angießen und aufkochen. Dann die Quinoa bei kleiner Hitze zugedeckt in ca. 20 Min. garen.

2 Inzwischen den Brokkoli waschen, putzen und in sehr kleine Stücke schneiden. Den Stiel schälen und sehr klein würfeln. Nach 5 Min. Garzeit den Brokkoli vorsichtig auf die Quinoa im Topf geben und mitgaren. Den Bergkäse reiben.

3 Den Topfinhalt im Hochleistungsmixer oder in einer Schüssel mit dem Pürierstab zusammen mit dem Käse kurz pulsierend mixen. Die Semmelbrösel unterrühren. Die Masse für größere Kinder mit etwas Kräutersalz würzen. Aus der Masse zehn Bratlinge von ca. 1 cm Dicke und 6 cm Ø formen.

4 Das Öl in einer großen Pfanne erhitzen. Die Bratlinge darin in ca. 5 Min. pro Seite knusprig braten, auf einer Lage Küchenpapier entfetten und abkühlen lassen.

Für 8 Stück • 20 Min. Zubereitung • Pro Stück ca. 150 kcal, 7 g E, 4 g F, 19 g KH

LINSENBRATLINGE

VEGAN

1 Dose braune Linsen (240 g Abtropfgewicht)
1 Petersilienwurzel (ersatzweise 1 Möhre)
1 TL Gemüsebrühe (Instant)
3 EL Semmelbrösel
3 EL Öl zum Braten

AB IN DIE BOX
Pro Portion ca. 3 EL Sojaquark mit 1 TL TK-Kräutern mischen, nach Belieben mit etwas Salz würzen und in einem kleinen Schraubglas verpacken. Apfelspalten dazupacken.

1 Die Linsen in ein Sieb abgießen, gut abspülen und sehr gut abtropfen lassen (gerne auch schon einige Stunden vorher). Die Petersilienwurzel putzen, schälen und fein reiben.

2 Die Linsen in einen hohen Rührbecher geben und mit dem Pürierstab mittelfein pürieren. Petersilienwurzelraspel, Gemüsebrühe sowie Semmelbrösel untermischen und aus der Masse acht flache Puffer formen.

3 Das Öl in einer Pfanne erhitzen. Die Puffer darin bei mittlerer Hitze ca. 6 Min. pro Seite anbraten und in der Pfanne komplett abkühlen lassen, sie werden dann fest.

Für 10 Stück • 10 Min. Zubereitung • 20 Min. Backen • Pro Stück ca. 205 kcal, 4 g E, 13 g F, 17 g KH

APRIKOSEN-NUSS-WÖLKCHEN

NÄHRSTOFFREICH

2 Eier (M)
200 g Apfelmark
70 g weiche Butter
110 g Mehl
100 g gemahlene Haselnusskerne
2 TL Weinstein-Backpulver
3 Aprikosen

AB IN DIE BOX
Zusammen mit dünnen Möhren- und Selleriestiften in die Box packen.

1 Die Eier trennen und die Eiweiße in einem hohen Rührbecher mit den Rührbesen des Handrührgeräts steif schlagen. In einer großen Schüssel Eigelbe, Apfelmark und weiche Butter mit den Rührbesen des Handrührgeräts mischen. Mehl, Haselnüsse sowie Backpulver zugeben und alles zügig zu einem glatten Teig rühren.

2 Den Backofen auf 180° vorheizen. Die Aprikosen waschen, halbieren, entkernen und in 5 mm große Würfel schneiden. Eischnee und Aprikosen vorsichtig unter den Teig heben. Auf einem mit Backpapier belegten Blech mit zwei Esslöffeln zehn Wölkchen formen und im Ofen (Mitte) 15–20 Min. backen.

Für 8 Stücke • 10 Min. Zubereitung • 25 Min. Backen • Pro Stück ca. 175 kcal, 6 g E, 5 g F, 27 g KH

ORANGEN-JOGHURT-SCHNITTEN

FRUCHTIG

1 Bio-Orange
2 Eier (M)
60 g Honig
20 g Backöl
200 g Joghurt
200 g Mehl
2 TL Weinstein-Backpulver

AB IN DIE BOX
Die Schnitten zusammen mit frischen Orangenspalten, Käsewürfeln und fein geschnittenen Radieschen in die Box packen.

1 Den Backofen auf 180° vorheizen und eine kleine Auflaufform (ca. 20 × 20 cm) mit Backpapier auslegen. Die Orange heiß waschen, abtrocknen, 1 TL Schale abreiben und den Saft auspressen.

2 Die Eier mit den Rührbesen des Handrührgeräts luftig aufschlagen. Honig, Backöl, Joghurt, Mehl, Backpulver sowie Orangenschale und -saft dazugeben. Die Zutaten zügig mit den Rührbesen des Handrührgeräts vermischen und in die Form füllen.

3 Den Kuchen im Ofen (Mitte) ca. 25 Min. backen, dann in der Form abkühlen lassen und in ca. 4 × 4 cm große Quadrate schneiden. Die Schnitten am besten in einer Plastikdose aufbewahren.

Für 15 Stück • 20 Min. Zubereitung • 18 Min. Backen • Pro Stück ca. 70 kcal, 2 g E, 4 g F, 5 g KH

FALAFELN MIT ERBSEN

NÄHRSTOFFREICHE SATTMACHER

1 Bio-Zitrone
½ Bund glatte Petersilie
1 Knoblauchzehe
1 Dose Kichererbsen (240 g Abtropfgewicht)
150 g TK-Erbsen
1 EL Tahin (Sesampaste)
je 1 TL gemahlener Kreuzkümmel und Koriander
2 EL Mehl
2 EL Öl (plus 2 EL Öl zum Bepinseln)
Salz
100 g griechischer Joghurt

ANRICHTEN IN DER BOX
Falafeln mit Joghurt-Dip in die Box packen. ¼ Gurke mit einem Wellenschnittmesser in Sticks schneiden und Himbeeren dazulegen.

1 Den Backofen auf 200° vorheizen und ein Backblech mit Backpapier auslegen. Die Zitrone heiß waschen und abtrocknen. Die Schale abreiben und beiseitestellen. Den Saft auspressen. Die Petersilie waschen und trocken schütteln. Den Knoblauch schälen. Die Kichererbsen in ein Sieb abgießen, abspülen und abtropfen lassen. Die Erbsen in ein Sieb geben, mit lauwarmem Wasser abspülen, sodass sie antauen, und anschließend leicht ausdrücken.

2 Alle Zutaten bis auf den griechischen Joghurt, die Zitronenschale und den Saft von ½ Zitrone in einem Hochleistungsmixer oder in einem hohen Rührbecher mit dem Pürierstab zu einer homogenen Masse pürieren.

3 Mit angefeuchteten Händen aus je ca. 1 EL Masse 15 längliche Falafelstangen formen. Die Stangen mit den restlichen 2 EL Öl bepinseln, aufs Blech geben und im heißen Backofen (Mitte) ca. 18 Min. backen. Dabei nach 10 Min. wenden.

4 Griechischen Joghurt, Zitronenschale, restlichen Zitronensaft und Salz zu einem Dip verrühren.

Für 16 Stück • 10 Min. Zubereitung • 15 Min. Backen • Pro Stück ca. 105 kcal, 2 g E, 8 g F, 7 g KH

PESTO-BLÄTTERTEIG-SCHNECKEN MIT ZUCCHINI

SCHNELL

1 kleiner Zucchino
1 Rolle Blätterteig (270 g; Kühlregal)
1 Glas rotes Pesto (125 g)
50 g geriebener Mozzarella

AB IN DIE BOX
Zusammen mit dünnen Kohlrabisticks und 1 Mandarine in die Box packen.

1 Den Backofen auf 180° vorheizen. Den Zucchino putzen, waschen und grob reiben. Den Blätterteig samt Papier entrollen.

2 Die Blätterteigplatte mit rotem Pesto bestreichen, mit Zucchiniraspeln und Käse bestreuen und anschließend locker von der langen Seite her aufrollen.

3 Die Teigrolle in 2–3 cm dicke Stücke schneiden und diese mit einer Schnittfläche nach unten auf ein mit Backpapier belegtes Backblech legen.

4 Die Schnecken im heißen Ofen (Mitte) in 10–15 Min. goldbraun backen. Das fertige Gebäck auf einem Kuchengitter vollständig auskühlen lassen.

Für 20 Stück • 20 Min. Zubereitung • 25 Min. Backen • 15 Min. Ruhen • Pro Stück ca. 55 kcal, 2 g E, 1 g F, 10 g KH

SCHOKOKEKSE

VEGAN

1 EL geschrotete Leinsamen
150 g Mehl
1 TL Weinstein-Backpulver
20 g Rohkakaopulver
50 g Haferflocken
150 g Süßkartoffel
300 g Zucchini
50 g Spinat
50 g Apfelmark
2 EL Reissirup

1 Ein Backblech mit Backpapier auslegen und den Backofen auf 180° vorheizen. Die Leinsamen mit 2 EL heißem Wasser mischen und quellen lassen. Mehl, Backpulver, Kakao und Haferflocken in eine Schüssel geben und vermischen.

2 Die Süßkartoffel schälen und fein reiben. Die Zucchini waschen, putzen und fein reiben. Den Spinat waschen, verlesen und abtropfen lassen, dann sehr fein hacken. Gemüse, Apfelmark und Reissirup in einer Schüssel vermischen. Die trockenen Zutaten und die Leinsamen dazugeben und alles zu einem zähen Teig vermischen.

3 1 EL Teig aufs Blech geben und nach Belieben leicht in eine runde Form bringen. Mit dem übrigen Teig ebenso verfahren. Die Kekse im Ofen (Mitte) ca. 25 Min. backen. Herausnehmen und auf dem Blech 15 Min. nachziehen lassen.

AB IN DIE BOX
Zusammen mit 1 Blutorange und Studentenfutter in die Box packen.

Für 12 Stück • 25 Min. Zubereitung • 25 Min. Backen • Pro Stück ca. 85 kcal, 2 g E, 2 g F, 13 g KH

FRÜHSTÜCKSKEKSE

ÜBERRASCHEND SÜSS

100 g Möhren
100 g Rote Bete
100 g Birne
20 g Öl
1 TL Chia-Samen
100 g Mehl
50 g Haferflocken
2 TL Backpulver
1 TL Ceylon-Zimtpulver
50 g Rosinen

AB IN DIE BOX
Kekse mit Birnenschnitzen sowie Käse-Trauben-Spießen in die Box packen.

1 Ein Backblech mit Backpapier auslegen und den Backofen auf 180° vorheizen. Möhren und Rote Bete putzen und schälen. Birne vierteln, schälen und vom Kerngehäuse befreien. Möhren, Rote Bete und Birne fein raspeln oder im Blitzhacker fein hacken und in eine große Schüssel geben. Übrige Zutaten dazugeben, alles mit einem Holzlöffel gründlich vermischen und leicht zusammendrücken.

2 1 gehäuften EL der Masse abnehmen, am Schüsselrand etwas zusammendrücken, auf das Blech geben und zu einem runden Keks formen. Insgesamt zwölf Kekse auf das Blech geben und im Ofen (Mitte) 22–25 Min. backen. Gut auskühlen lassen.

3 Die Frühstückskekse lassen sich variationsreich zubereiten. Auch Süßkartoffeln, Zucchini und Apfel sind eine köstliche Kombination. Die Kekse können tiefgekühlt werden.

Für 1 Schraubglas (250 ml) • 10 Min. Zubereitung • Pro Glas ca. 555 kcal, 17 g E, 28 g F, 57 g KH

MÜSLI IM GLAS

GENUSS ZUM LÖFFELN

4 EL ungesüßtes Beerenmüsli (ersatzweise Haferflocken)
2 EL Saatenmischung (ersatzweise Kürbiskerne, Sonnenblumenkerne, Leinsamen)
4 EL griechischer Joghurt (ersatzweise Joghurt mit 3,5 % Fett)
½ EL Rohkakaopulver
1 EL Ahornsirup (nach Belieben)
½ Banane
1 EL Erdnussmus

1 Müsli und Saatenmischung in ein Schraubglas geben. 80 ml kaltes Wasser dazugeben und alles verrühren. Joghurt, Kakao und nach Belieben Ahornsirup verrühren und darübergeben. Das Glas verschließen und über Nacht im Kühlschrank aufbewahren.

2 Morgens die Banane schälen, in Scheiben schneiden und in das Schraubglas geben. Erdnussmus darauf verteilen.

AB IN DIE BOX
Dazu Paprika- und Möhrenstifte mit in die Box geben.

Für 12 Stück • 15 Min. Zubereitung • 20 Min. Backen • Pro Stück ca. 70 kcal, 6 g E, 4 g F, 2 g KH

MINI-FRITTATA

HERZHAFT

200 g bunte Kirschtomaten
200 g braune Champignons
1 große festkochende Kartoffel
50 g geriebener Gouda
6 Eier
90 ml Milch
2 TL getrocknete italienische Kräuter
12er-Muffinform
Fett und Semmelbrösel für die Form

AB IN DIE BOX
Mit Kartoffelwedges und 1 Pfirsich einpacken.

1 Die Tomaten waschen und klein würfeln. Die Champignons putzen und ebenfalls in kleine Würfel schneiden. Die Kartoffel waschen, gründlich sauber reiben und grob raspeln. Die drei Gemüsesorten in einer Schüssel mit dem Käse mischen.

2 Den Backofen auf 180° vorheizen. Die Muffinform sehr gut einfetten und mit Semmelbröseln ausstreuen. Gemüse-Käse-Mischung gleichmäßig in die Mulden verteilen.

3 In einem Messbecher Eier, Milch und Kräuter gut miteinander vermischen und nach Belieben für größere Kinder leicht salzen und pfeffern. Den Guss gleichmäßig auf die Muffinmulden verteilen und die Mini-Frittatas im Ofen (Mitte) ca. 20 Min. backen. Dann ca. 15 Min. in der Form abkühlen lassen, herauslösen und auf einem Kuchengitter vollständig auskühlen lassen.

KREATIVES

Für 12 Stück • 20 Min. Zubereitung • 15 Min. Backen • Pro Stück ca. 105 kcal, 8 g E, 5 g F, 6 g KH

PFANNKUCHENRÖLLCHEN

BUNTE SATTMACHER

3 Eier (M)
75 ml Milch
100 ml kohlensäurehaltiges Mineralwasser
100 g Vollkorn-Weizenmehl
100 g geriebener Käse
2 Prisen Muskatnuss
1 TL edelsüßes Paprikapulver
1 TL Salz
1 Prise schwarzer Pfeffer
1 EL Öl
½ Salatgurke
100 g Kräuterfrischkäse
100 g gekochter Schinken (ersatzweise vegane Wurstalternative)

AB IN DIE BOX
Mit Ananasstücken und Snack-Möhren in die Box packen.

1 Ein Backblech mit Backpapier auslegen und in den Ofen (Mitte) schieben. Den Ofen auf 200° vorheizen. Inzwischen in einer Schüssel Eier, Milch und Mineralwasser verquirlen. Das Mehl dazugeben und alles zu einem flüssigen Teig verrühren. Den Käse und die Gewürze dazugeben und unterrühren.

2 Das Blech aus dem Ofen nehmen und das Öl mit einem Pinsel auf dem Backpapier verstreichen. Den Teig gleichmäßig darauf verteilen und im Ofen (Mitte) 15 Min. backen. Herausnehmen und abkühlen lassen.

3 Inzwischen die Gurke waschen, putzen und längs mit einem Sparschäler in dünne Scheiben hobeln. Diese mit Küchenpapier leicht trocken tupfen.

4 Am Morgen die Pfannkuchenplatte mit Frischkäse bestreichen und mit Schinken und Gurkenscheiben belegen. Den Pfannkuchen von der langen Seite her aufrollen und in zwölf Stücke schneiden.

Für 1 Schraubglas (250 ml; ergibt 10 Portionen) • 10 Min. Zubereitung •
Pro Portion (à 25 g) ca. 35 kcal, 2 g E, 1 g F, 4 g KH

LINSENWAFFEL-AUFSTRICH

VEGAN

50 g Linsenwaffeln
1 kleine Zwiebel
1 Knoblauchzehe
3 EL Tomatenmark
2 TL Olivenöl
1 Msp. geräuchertes Paprikapulver
1 TL edelsüßes Paprikapulver
½ TL getrockneter Majoran
Salz
schwarzer Pfeffer

AB IN DIE BOX
Den Aufstrich auf ein Vollkornbrötchen streichen und mit Gurke und Johannisbeeren in die Box packen.

1 Die Linsenwaffeln in Stücke brechen, in einen hohen Rührbecher geben und mit 125 ml Wasser übergießen. Die Waffeln ca. 5 Min. einweichen lassen.

2 Inzwischen Zwiebel und Knoblauch schälen und grob würfeln. Alle Zutaten in den Rührbecher geben und mit einem Pürierstab zu einer grob stückigen Masse pürieren. Den Aufstrich kräftig mit Salz und Pfeffer abschmecken.

3 Den Aufstrich in ein sauberes Schraubglas füllen und im Kühlschrank aufbewahren. So ist er mindestens 5 Tage haltbar.

Für 16 Stück • 30 Min. Zubereitung • Pro Stück ca. 90 kcal, 2 g E, 4 g F, 10 g KH

PANCAKES MIT FRISCHKÄSE

LASSEN SICH GUT TIEFKÜHLEN

2 Eier (M)
250 g Buttermilch
40 g Butter
80 g Mehl
100 g Maismehl
2 TL Weinstein-Backpulver
4 TL Öl zum Braten
50 g Frischkäse

AB IN DIE BOX
Mit Pflaumen und Babybel in die Box packen.

1 Eier und Buttermilch in einer Schüssel verrühren. In einer großen Pfanne die Butter bei kleiner Hitze zerlassen und anschließend unter die Eier-Buttermilch-Mischung rühren.

2 Mehl, Maismehl und Backpulver mischen und die feuchten Zutaten sehr zügig mit einem Schneebesen unterrühren. Den Teig abgedeckt ca. 5 Min. ruhen lassen.

3 Pro Pfannenfüllung 1 TL Öl in der Pfanne erhitzen und darin je vier kleine Maismehl-Pancakes (à ca. 7 cm ∅) ausbacken. Pro Pancake ca. 2 EL Teig verwenden. Wer zwei Pfannen zur Verfügung hat, kann die Pancakes auch parallel in zwei Pfannen braten.

4 Die Pfannkuchen abkühlen lassen, mit Frischkäse bestreichen und immer zwei Pancakes zu einem Sandwich zusammenkleben.

Für 12 Stück • 18 Min. Zubereitung • Pro Portion ca. 95 kcal, 5 g E, 3 g F, 11 g KH

HEIDELBEER-QUARK-PANCAKES

FRUCHTIGE EIWEISSLIEFERANTEN

125 g Dinkelmehl
2 TL Weinstein-Backpulver
1 TL Ceylon-Zimtpulver
1 Ei (M)
250 g Quark
2 EL Ahornsirup
125 g Heidelbeeren (ersatzweise 1 kleiner fein gewürfelter Apfel)
2 EL Öl

1 Mehl, Backpulver und Zimt in einer Schüssel mischen. Das Ei in einer zweiten Schüssel kurz mit den Rührbesen des Handrührgeräts aufschlagen. Quark, Ahornsirup und 100 ml Wasser dazugeben und alles glatt rühren. Die trockenen Zutaten dazugeben und alles zügig zu einem homogenen Teig verrühren. Die Heidelbeeren waschen, verlesen und abtropfen lassen. Vorsichtig unter den Teig heben.

2 Je 1 EL Öl in zwei großen Pfannen erhitzen. In jede Pfanne sechs Pancakes aus je 1 gehäuften EL Teig geben und bei mittlerer Hitze 4–5 Min. backen. Wenden, mit dem Pfannenwender leicht platt drücken und ca. weitere 5 Min. backen. Die Pancakes auf Küchenpapier entfetten und gut auskühlen lassen.

AB IN DIE BOX
Zusammen mit Kohlrabistiften sowie einem Nussmix in die Box packen.

Für 12 Stück • 30 Min. Zubereitung • 20 Min. Backen • Pro Stück ca. 165 kcal, 11 g E, 6 g F, 16 g KH

GEFÜLLTE BRÖTCHEN

ÜBERRASCHEND ANDERS

1 Zwiebel
100 g Champignons
1 EL Öl
200 g Hackfleisch
1 TL edelsüßes Paprikapulver
Salz
schwarzer Pfeffer
100 g geriebener Käse
250 g Quark
250 g Dinkelmehl (plus etwas mehr zum Arbeiten)
2 TL Weinstein-Backpulver

AB IN DIE BOX
Einen Obstquark, z. B. mit Himbeeren und Mango, in ein Schraubglas füllen und zusätzlich mitgeben.

1 Die Zwiebel schälen und fein würfeln. Die Pilze putzen und fein würfeln. Das Öl in einer Pfanne erhitzen und Hackfleisch, Zwiebel und Pilze darin in ca. 4 Min. scharf anbraten. Mit Paprika, Salz und Pfeffer sehr kräftig würzen. 75 g Käse unterrühren.

2 Ein Backblech mit Backpapier auslegen und den Backofen auf 180° vorheizen. Quark, Mehl, Backpulver, ½ TL Salz und 50 ml kaltes Wasser in einer Schüssel zu einem homogenen Teig kneten. Diesen auf einer leicht bemehlten Arbeitsfläche in zwölf gleich große Stücke teilen und diese zu Kugeln formen. Die Kugeln mit einem Nudelholz kreisrund ausrollen, nacheinander in die Handfläche legen und je 1 gehäuften EL Füllung mittig auf den Teig geben.

3 Teigkugel gut verschließen. Brötchen mit Abstand auf das Blech legen. Die Brötchen mit ca. 2 EL Wasser leicht bepinseln und mit den restlichen 25 g Käse bestreuen. Den Käse leicht andrücken. Die Brötchen im Ofen (Mitte) in ca. 20 Min. goldbraun backen. Gut auskühlen lassen.

Für 1 Kastenform mit 32 cm Länge (ergibt 16 Stücke) • 20 Min. Zubereitung • 50 Min. Backen • Pro Stück ca. 140 kcal, 3 g E, 7 g F, 16 g KH

SCHOKOKUCHEN

FÜR DEN KITA-GEBURTSTAG

180 g Dinkelmehl (Type 630)
30 g Rohkakaopulver
2 TL Weinstein-Backpulver
200 g Kirschen aus dem Glas (abgetropft)
50 g Apfelmark
100 g Soft-Datteln (entsteint)
50 ml Kirschsaft
110 g weiche Butter
2 Eier (M)

AB IN DIE BOX
Mit frischen Feigen und Möhre in die Box packen.

1 In einer Schüssel Mehl, Kakao sowie Backpulver mischen. Die Kirschen sehr gut abtropfen lassen und in einen hohen Rührbecher geben. Apfelmark, Soft-Datteln sowie Kirschsaft dazugeben und alles mit dem Pürierstab fein pürieren.

2 Den Backofen auf 180° vorheizen. Apfelmark-Dattel-Mischung zusammen mit der weichen Butter und den Eiern zu den trockenen Zutaten geben und zügig mit den Rührbesen des Handrührgeräts zu einem homogenen Teig kneten. Die Backform mit Backpapier auslegen und den Teig einfüllen.

3 Den Kuchen im heißen Ofen (Mitte) 40–50 Min. backen. Vor dem Herausnehmen die Stäbchenprobe machen. Den Kuchen komplett auskühlen lassen, dann in 2 cm breite Stücke schneiden. Der Kuchen kann in Stücke geschnitten tiefgekühlt werden.

Für 16 Stück • 10 Min. Zubereitung • 12 Min. Backen • Pro Stück ca. 115 kcal, 2 g E, 8 g F, 10 g KH

APFELRINGE MIT NUSSMUS

POWER-SNACK

1 Rolle Blätterteig (270 g; Kühlregal)
3 EL Rosinen
2 große Äpfel
3 EL weißes Mandelmus (ersatzweise anderes Mandelmus)
3 EL gehackte Mandeln
1 TL Ceylon-Zimtpulver

AB IN DIE BOX
Mit Vollkorncrackern sowie (vegetarischen) Mini-Würstchen in die Box packen.

1 Den Backofen auf 170° Umluft vorheizen und zwei Backbleche mit Backpapier auslegen. Den Blätterteig entrollen und längs in 16 ca. 2,5 cm breite Streifen schneiden.

2 Die Rosinen fein hacken. Die Äpfel waschen und jeden Apfel quer in zehn ca. 1,5 cm dicke Scheiben schneiden. Die äußersten Scheiben gleich essen. Mit einem kleinen runden Ausstecher oder Schnapsglas mittig ein Loch in die übrigen Scheiben stanzen.

3 Das Mandelmus glatt rühren. Die Apfelscheiben mit Mandelmus bestreichen. Die gehackten Mandeln und Rosinen darauf verteilen, leicht andrücken und alles mit Zimt bestreuen. Die Apfelscheiben mit den Blätterteigstreifen umwickeln, indem man die Streifen immer wieder um die Apfelringe legt und durch das Loch in der Mitte führt. Ringe mit etwas Abstand auf die Bleche legen und im Ofen (Mitte) ca. 12 Min. backen. Auskühlen lassen.

Für 14 Stück • 30 Min. Zubereitung • 10 Min. Warten • Pro Stück ca. 100 kcal, 1 g E, 6 g F, 9 g KH

SUSHI-BÄLLCHEN

KREATIVES FRÜHSTÜCK

150 g Sushi-Reis (ersatzweise Basmati-Reis)
1 Avocado
60 g Möhre
75 g Frischkäse
1 TL Sojasauce
je ½ EL weißer und schwarzer Sesam
3 EL Mayonnaise

AB IN DIE BOX
Mit gefriergetrockneten Früchten sowie Snackgurke in die Box packen.

1 Den Reis in einem Sieb abspülen. Reis und 200 ml Wasser in einen kleinen Topf geben und zum Kochen bringen, zugedeckt sanft bei kleiner Hitze 10 Min. köcheln lassen. Dann von der Herdplatte ziehen, den Reis weitere 10 Min. quellen lassen. Reis etwas abkühlen lassen.

2 Inzwischen die Avocado halbieren, entkernen, das Fruchtfleisch mit einem Esslöffel aus der Schale lösen, in einen tiefen Teller geben und mit einer Gabel zerdrücken. Die Möhre schälen, putzen und fein raspeln. Möhre, Frischkäse und Sojasauce zur Avocado geben und alles sehr gut vermischen.

3 Ein ca. 30 cm langes Stück Frischhaltefolie abschneiden. Einen Becher mit Wasser bereitstellen, um darin einen Esslöffel befeuchten zu können. Sesam in einem Teller mischen.

4 Einen Esslöffel anfeuchten, 1 gehäuften EL Reis abnehmen, in die Mitte der Folie geben und platt drücken. Dann 1 TL der Füllung auf den Reis geben, wenig Reis darübergeben. Alle Enden der Folie nach oben in die Mitte zusammenziehen und so den Reis mit immer größerem Zug zu einem Bällchen formen. Bällchen leicht im Sesam wälzen. Mit restlichem Reis und restlicher Füllung ebenso verfahren. Die übrig gebliebene Füllung mit Mayo mischen und als Dip mitgeben.

Für 8 Stück • 30 Min. Zubereitung • Pro Stück ca. 330 kcal, 8 g E, 12 g F, 46 g KH

MINI-WAFFELN MIT NUSSMUS

AUCH FÜR DEN KINDERGEBURTSTAG

400 g Mehl
3 TL Weinstein-Backpulver
500 ml Pflanzendrink
160 g Apfelmus
4 EL Backöl
3 EL Nussmus (siehe Tipp)
Margarine fürs Waffeleisen

1 Mehl und Backpulver in einer hohen Rührschüssel mischen. In einem Messbecher Pflanzendrink, Apfelmus und Öl mischen und anschließend zügig mit den Rührbesen des Handrührgeräts unter die trockenen Zutaten rühren.

2 Das Waffeleisen mit wenig Margarine einfetten und nach und nach darin acht Waffeln ausbacken. Jede Waffel ca. 4 Min. backen.

AB IN DIE BOX

Die Waffeln mit Mandelmus bestreichen und je zwei Waffeln als Waffelsandwich zusammenkleben.

Für 10 Stück • 15 Min. Zubereitung • 12 Min. Backen • Pro Stück ca. 212 kcal, 6 g E, 10 g F, 24 g KH

MINI-HOTDOGS

KINDERLIEBLING

1 XXL-Rolle Pizzateig (500 g; Kühlregal)
2 EL Tomatenmark
2 TL Senf
5 Gewürzgurken
10 kleine Wiener Würstchen (auf Wunsch vegan)
5 TL Röstzwiebeln

AB IN DIE BOX
Mit Cornichons sowie Aprikosen in der Box anrichten.

1 Ein Backblech mit Backpapier auslegen und den Backofen auf 200° vorheizen. Den Pizzateig ausrollen, längs in fünf gleich große Stücke schneiden und diese quer halbieren.

2 Jedes Teigstück mittig mit Tomatenmark und Senf bestreichen. Die Gurken längs halbieren und je ½ Gurke mittig auf die Teigstücke legen. Je 1 Würstchen darauflegen, mit Röstzwiebeln bestreuen. Die Teigseiten leicht ziehen und so einklappen und zusammendrücken, dass die Würstchen rundherum mit Teig bedeckt sind.

3 Hotdogs nebeneinander auf das Blech legen. Im Backofen (Mitte) in 10–12 Min. goldbraun backen. Dabei nach 8 Min. wenden. Herausnehmen und gut auskühlen lassen.

Für 12 Stück • 20 Min. Zubereitung • 30 Min. Backen • Pro Stück ca. 105 kcal, 6 g E, 4 g F, 13 g KH

SPAGHETTIMUFFINS MIT PAPRIKA

HERZHAFT

175 g Spaghetti
½ Zwiebel
1 kleine rote Paprika
4 Eier (M)
100 g Kräuterfrischkäse
1 TL getrocknete italienische Kräuter
12er-Muffinform
Butter und Semmelbrösel für die Form

AB IN DIE BOX
Zusammen mit Mini-Maiskölbchen aus dem Glas sowie Kiwi in die Box packen.

1 Die Spaghetti in reichlich kochendem Wasser nach Packungsangabe al dente garen. Inzwischen die Zwiebel schälen und sehr fein würfeln. Die Paprika waschen, längs halbieren, von Kernen und weißen Trennwänden befreien und in 5 mm große Würfel schneiden.

2 In einer großen Schüssel die Eier aufschlagen und mit Kräuterfrischkäse glatt rühren. Paprika und Zwiebel zugeben und mit getrockneten Kräutern würzen.

3 Die Mulden der Muffinform mit Butter einfetten und mit Semmelbröseln ausstreuen. Die Spaghetti abgießen, kurz abkühlen lassen und unter die Paprika-Frischkäse-Masse rühren. Die Masse portionsweise in die Muffinmulden füllen und ca. 30 Min. im Ofen (Mitte) backen. Die fertigen Muffins dann in der Form auskühlen lassen.

GU **CLOU**

Das Muffinblech fungiert hier als Mini-Auflaufform. So lassen sich auch individuelle Wünsche gut umsetzen: mal mit Gewürz, mal ohne, mal mit Käse, mal ohne. Und die perfekte Form für kleine Kinderhände haben die Mini-Gratins auch.

Für 8 Stück • 10 Min. Zubereitung • 25 Min. Backen • Pro Stück ca. 135 kcal, 4 g E, 6 g F, 17 g KH

PORRIDGE-SCHNITTEN

HANDLICH

100 ml Pflanzendrink
2 EL Apfelmark
5 Soft-Datteln (entsteint)
120 g Hirseflocken
25 g Mohn
2 EL Nussmus (z. B. Cashewmus)
1 TL Weinstein-Backpulver
70 g TK-Beerenmischung
Öl für die Form

1 Den Backofen auf 180° vorheizen. Pflanzendrink, Apfelmark sowie Datteln in einem Hochleistungsmixer oder in einem hohen Rührbecher mit dem Pürierstab fein pürieren. Den Mix in einer Schüssel mit Hirseflocken, Mohn, Nussmus und Backpulver mischen.

2 Eine Auflaufform (ca. 20 × 20 cm) leicht einölen. Die Porridge-Masse einfüllen und glatt streichen. Die TK-Beeren darauf verteilen und 25 Min. im Ofen (Mitte) backen. Die Platte auskühlen lassen, dann in acht Stücke schneiden.

AB IN DIE BOX
Mit Ofengemüse (Möhre, Kartoffel, Steckrübe, Rote Bete) in die Box packen.

Für 22 Stück • 15 Min. Zubereitung • Pro Stück ca. 40 kcal, 1 g E, 2 g F, 5 g KH

MÖHREN-POWER-BÄLLCHEN

ENERGIELIEFERANT

120 g Möhren
100 g Haferflocken
50 g Walnusskerne
50 g Rosinen (ersatzweise getrocknete Cranberrys)
1 TL Ceylon-Zimtpulver
frisch geriebene Muskatnuss

AB IN DIE BOX
Mit einem klassisch belegten Mischbrot sowie Himbeeren in die Box packen.

1 Die Möhren schälen, putzen und in grobe Stücke schneiden. Möhren zusammen mit den restlichen Zutaten in einen Hochleistungsmixer geben und zu einer klebrigen Masse pürieren. Wenn die Masse sehr trocken ist, 20 ml Wasser dazugeben.

2 Etwa 1 TL der Masse abnehmen und mit leicht angefeuchteten Händen zu einem Bällchen formen. Mit der restlichen Masse ebenso verfahren. Die Bällchen kann man in einer luftdicht verschlossenen Dose im Kühlschrank ca. 4 Tage aufbewahren.

REGISTER

Vegetarische Rezepte, die im Buch mit einem ❦ gekennzeichnet sind, sind hier grün abgesetzt.

Abkürzungsverzeichnis:
E = Eiweiß
EL = Esslöffel (gestrichen)
F = Fett
kcal = Kilokalorien
KH = Kohlenhydrate
Msp. = Messerspitze
Pck. = Päckchen
TK = Tiefkühl
TL = Teelöffel (gestrichen)
Ø = Durchmesser

LIEBE LESERINNEN UND LESER,

wir wollen Ihnen mit diesem Buch Informationen und Anregungen geben, um Ihnen das Leben zu erleichtern oder Sie zu inspirieren, Neues auszuprobieren. Wir achten bei der Erstellung unserer Bücher auf Aktualität und stellen höchste Ansprüche an Inhalt und Gestaltung. Alle Anleitungen und Rezepte werden von unseren Autoren, jeweils Experten auf ihren Gebieten, gewissenhaft erstellt und von unseren Redakteur*innen mit größter Sorgfalt ausgewählt und geprüft.

Haben wir Ihre Erwartungen erfüllt? Sind Sie mit diesem Buch und seinen Inhalten zufrieden? Wir freuen uns auf Ihre Rückmeldung. Und wir freuen uns, wenn Sie diesen Titel weiterempfehlen, in Ihrem Freundeskreis oder bei Ihrem Online-Kauf.

Sollten wir Ihre Erwartungen so gar nicht erfüllt haben, tauschen wir Ihnen Ihr Buch jederzeit gegen ein gleichwertiges zum gleichen oder ähnlichen Thema um.

KONTAKT ZUM LESERSERVICE

GRÄFE UND UNZER VERLAG
Grillparzerstraße 12
81675 München
www.gu.de

IMPRESSUM

GU ist eine eingetragene Marke der GRÄFE UND UNZER VERLAG GmbH, www.gu.de

ISBN 978-3-8338-9065-9
4. Auflage 2024

Projektleitung: Linh Nguyen
Lektorat: Cora Wetzstein
Korrektorat: Jutta Friedrich
Gesamtgestaltung: Independent Mediendesign, München
Umschlaggestaltung: ki36 Editorial Design, Sabine Krohberger, München
Herstellung: Chiara Knell
Satz: Eberl & Koesel Studio GmbH
Reproduktion: medienprinzen GmbH
Druck + Bindung: Firmengruppe APPL, aprinta druck, Wemding
Printed in Germany

Bildnachweis:
Mona Binner: S. 06–59 und alle Stepfotos auf den Klappen
Coco Lang: S. 01, 05 und Stills auf den Klappen
Jan Brettschneider: Cover
Andrea Mühleck: Autorinnenfoto

Umwelthinweis:
Nachhaltigkeit ist uns sehr wichtig. Der Rohstoff Papier ist in der Buchproduktion hierfür von entscheidender Bedeutung. Daher ist dieses Buch auf PEFC-zertifiziertem Papier gedruckt. PEFC garantiert, dass ökologische, soziale und ökonomische Aspekte in der Verarbeitungskette unabhängig überwacht werden und lückenlos nachvollziehbar sind.

Syndication: www.imageprofessionals.com

Die GU-Homepage finden Sie unter www.gu.de

GRÄFE UND UNZER
Ein Unternehmen der
GANSKE VERLAGSGRUPPE

Die Autorinnen

Annina Schäflein und Lena Merz

sind Bestseller-Autorinnen, Ernährungsexpertinnen und Bloggerinnen. Gesunde Ernährung für Kinder ist ihr Herzensthema. In diesem Buch zeigen sie, wie Eltern ganz ohne Stress gesunde und liebevolle Brotboxen für die Kinder vorbereiten können.

Die Fotografin

Mona Binner

entdeckte nach ihrer Ausbildung zur Werbefotografin in Hannover, Hamburg und London die Liebe zur Foodfotografie und arbeitet seit 2007 als freie Fotografin für namhafte Magazine und Verlage. Mit Unterstützung von Julia Luck (Foodstyling) hat sie die leckeren Brotboxen für Kinder stilvoll in Szene gesetzt.